오래된 찻잔

발견시선 046

오래된 찻잔

허충순

시인의 말

사람도 사물도 봄을 탄다. 봄 날씨가 예쁘다.
꽃 앞으로 의자를 당기고
꽃잎의 색이 변하는 순간을 기다리는 마음으로
모든 것에 설레이고만 싶다. 찻잔을 앞에 두고.
그럴 수 있다면 얼마나 좋을까.

또 한 권의 시집을 내고
지인들의 안부를 묻는다.

2024년 봄
허충순

차례

5 시인의 말

1부 / 늦은 전차가 수를 놓듯 지나가는

12 흰 눈은 장독대에 내리고
14 이브닝
16 봉래산 길에 사투리처럼 매미가 운다
18 빚진 것은 눈물
20 오월의 수채화
22 늦은 전차가 수를 놓듯 지나가는
24 유숙하다
26 산문(山門)의 틈으로
28 구포
30 한 생에 한 번인데
32 우리의 지난 시간은 여름을 지나가네
34 김밥 한 줄

2부 / 그러고 싶었겠나 보내도 보내지지 않는 사람

38　미싱 바늘 같은 시간이 지나가고
40　뒷모습
42　오늘 또 내일
44　하얀꽃
46　잡풀
48　실루엣
50　여기는 지상
52　적막만 흐르게
54　오래된 찻잔
56　씨와 시
58　해인사 소림선원
60　통도사 무위선원

3부 / 조용한 진선미

64   청수국
66   미안하다
68   조용한 진선미
70   가을에 그냥 입을 맞추라
72   분 바르는 소리
74   가느른 길에서
76   범어사에 내리는 눈
78   절은 절
80   오륙도
82   서부 시외버스 터미널
84   해파랑길
86   철새의 걸음새

4부 / 전전반측 빗줄기만 세고

- 90 초겨울의 시
- 92 차를 마시며
- 94 그래도 멜로디
- 96 홍매화
- 98 전전긍긍
- 100 모과 한 알
- 102 백룡암
- 104 무슴슴하게 걸어가자
- 106 공터
- 108 망각 곁에서
- 110 설레는 이별
- 112 어린 것들이 피어 잘 자랐으니
- 114 꽃의 절

시인의 산문
- 118 꽃을 보는 마음

1부

늦은 전차가 수를 놓듯 지나가는

흰 눈은 장독대에 내리고

바람이 지나가면 살짝 눈꺼풀을 들어올리고

시야가 시나브로 흐려지는 눈발 속에서 눈꺼풀을 내리는

사랑이 있다

달이면 맛이 진해지고

색이 좋아진다고 해서 내 말과 말투를 달이고

사랑도 마음도 고여 있는 것은 마르지만

독 속에 있으면 묵으면서 환생을 한다 했지

오늘도 시간은 눈밭에 녹초를 그리듯 한 발자국씩 오고

마른 풀을 그리듯 한 발자국씩 간다

독의 가슴에는 당신이 눈 내리듯 쌓이고

눈 녹듯 박힙니다

이브닝

후두둑 쏟아지는 저녁거리로 오는 작달비
모래사장을 빠져나온 바람에
갈매기울음마저 딸려나온다

어깨를 내리고
이브닝!

세상사 다는 모르지만
심사 뒤틀리는 저녁이 바스라지면
신발 벗고 마루에 오르는 일도 삐긋거린다

등 기댈 곳 없는 꽃 하나
안방을 이루며

안아 줄까?
부둥켜안아 볼래? 묻는 듯
등빛에 가만가만 흔들리고 있다

봉래산 길에 사투리처럼 매미가 운다

영도 어울림마당 위쪽 길을 걸으며
산 그림자 어긋나는 걸 보네

내 얼굴이 바람 맞는 어머니가 되고
세상에서 배운 추운 노래가 됐으니
저 아픈 불똥 가슴 속에 타는 거 당연하다
산 그림자 들어오는 거 마땅하다

지고 온 소쿠리들
바다 밑에 던져넣고
조약돌 하나 집어 올리는 내 남은 시간

맴맴맴
느티나무 가지 위 손도 귀하니
객도 귀하니
매미는 운다

사투리처럼
사투리처럼

빚진 것은 눈물

아주 가끔 쪽빛 바람 어딘가에
꿈에만 보이는 얼굴이 실려 오곤 해
목련 나무 목련꽃 턱을 타고 내리는 바람 어딘가에

빚진 것은 눈물뿐이다

한 집 어둠에 한 집 어둠을 겹쳐놓은 인연을
어떻게 간수하나
멀기만 한 심연의 호수여

벼랑턱 그늘에 첫사랑 같은
달디단 이슬 하나
내 마음 아슴아슴 품어가는 때

꿈에만 보이는 얼굴이
뜻밖에 웬 걸음인가

오월의 수채화

들판 못에 찰방찰방 고인 물
나는 결국 아니라며
종일토록 하늘만 담겨 있다

짓궂은 새털구름 하나
텀벙대는데
왜 이리 고요할까

오미자 물이 드는 능선이
가슴에 얹히고
구전되는 이야기처럼

나도 먼 길 온 손님이니
나를 버리고 고양이 다니는 길로 가련다
물빛에 조용히 흔들거리는
허공 속으로

늦은 전차가 수를 놓듯 지나가는

초인종 누르고 가는 듯
영도 다리 넘어가는
분홍 꽃 긴 어룽짐

일순(一瞬),

화전을 부치듯 달가운 달이 창안에 들어온다

환하고 아픈 데를 찾아
달빛이 만지고
나는 잊은 듯한 별 하나 뒤따라오네

밤길 어둡다 딸아
늦은 전차가 수를 놓듯 지나가는
은하수 사이로

가로등이 꾸며주는 외로움

계단으로 흘러가며
멈칫멈칫 앞서간다

바람개비 돌리며 딸을 기다리며

유숙하다

일생 누더기 아닌가 마음은 배운 것도 없고

다문 입에 빗물 같은 거나
말과 맞물렸네

옛 사람 눈앞에 건넌다

침잠하는 꿈은
유숙할 집 말해주지 않는데

사랑의 시집살이 한평생 어긋나지는 않았나

희미한 수면 위에 잔 파문
생각은 무겁다

설레고 두려웠던
남겨진 몸 하나

집 밖에 서 있는 듯
동구 밖에 서 있는 듯

산문(山門)의 틈으로

카메라
후레시
터진다

동백 송이들 떨어진다

주섬주섬 집어든다

자를 재듯
살아온 게
징검돌 걷는 마음이었다

옷자락마다
솔기가 터져 있다

산문 사이로
바람이 지나가고

는개처럼
시야는
시나브로 흐려져도

동백
지는 마음
떠나지
못하는 마음

어느 카메라에 찍혀 있겠지
세상을 찾아온
그 붉은 꽃 한 송이

구포

헐한 값을 치고
물소리 듣는다 그 너머로

저물녘 강노을 같은 벚꽃잎 깔리네
어디서 목어(木魚) 흔들리나

안으로 깊이깊이
새겨놓은 음표 하나

이제 노래를 벗고
오래된 악기를 팔고

돌밭에서 맨발로 나와
구포를 건너간다

한 생에 한 번인데

알록달록 밤은 난간 딛고 지붕을 타오른다

베개 하나 달랑 안고 침대맡을 헤매는

민둥산 그믐달 같은 슬픔이 구른다

살아도 알 수 없는 미로는 한 생에 한 번인데

잠드는 것처럼 다른 생을 살고 있나

눈꺼풀 그 언저리로 보겠다며 아니 보겠다며

졸음은 오다 말다

꺼뜨린 불이 다시 커지듯

항구의 불빛 하나

바다에서 빠져나온다

우리의 지난 시간은 여름을 지나가네

흰 작약 한 송이만으로는 견딜 수 없어
떠나갔을까

종달새 하늘 나는 것만으로는 슴슴해
떠나갔을까

너의 목소리에 놀라고
나의 눈빛 떨리던
우리의 지난 시간은 노래를 뒤로 하고

곶감처럼 말랑해져
어느 허공중에 매달려 있을까

흰 종이에 까만 글씨로
편지 한 장 적고 싶어
우표를 샀네

다정한 말 한 마디 없이
기어코
미닫이문을 닫고 말았네

자신이 자신인 사람 하나

김밥 한 줄

김밥 한 줄은
김 한 장으로 싼 것이다

그 속에 오색진미 가지런히 누이고
둘둘 말려서 자신을 감춘다

내 생의 한끼를 빌려 당신의 한끼를 채우고 싶은
김밥 한 줄

내가 쓴 시 한 줄에
김밥 한 줄만 한 헌신이 있을까
나도 김밥 같은 시 쓰고 싶다

헐한 김밥 한 줄 같은 시 한 행

2부

그러고 싶었겠나
보내도 보내지지 않는 사람

미싱 바늘 같은 시간이 지나가고

손가락 끝에 피가 맺혔다
한지로 눌러 박은 듯한 정염

무슨 소용이람 미싱 바늘 같은
시간은 못 가고 남아

옛사람 하나 아프다

찻잔은
마음 외진 곳에 두고
눈물이 중심을 옮기는 시간

혼몽이 흐려지다 멎는다
세모시 한 조각이 손끝에 얼비치듯

생채기 하나
어디서 늙어가나

올라가지 않은 팔을 들고
가을이 와 있다

뒷모습

차를 마시고
하늘을 보고

물소리 듣고
꽃을 보고

차밭을 보고
꽃밭을 본다

늦도록
오래도록
덕(德) 하나 못 보여준
내 뒷모습

보리수
한 그루가 구부리고 서서
보고 있다

오늘 또 내일

눈발 속으로도 보고
빗발 속으로도 보고

눈발 속에서도 안 보고
빗발 속에서도 안 보고

조금씩 파이고 파인
내 안의 검고 깊은 늪

그 속에서 까치발 들어
나오고 들어가며

오늘 또 내일

그래도
순한 말로 살기는 했지
차 한 잔 내리듯

차 한 잔 올리듯

한번은
나였다가도
한번은
너였다는 듯
살기는 했었지

엉킨 실타래 서툴게 풀어가며
그렇게 그렇게

하얀꽃

눈물로 만든 소금, 그 안에 나 피었다

기다림을 버리고

서걱서걱 스스로를 자르고

생피를 말리며

참았던 눈물을 잊으며

소금 항아리 속의 하얀 꽃이 되었다

잡풀

잿빛 겨울을 건너왔던

통도사 동백

데굴데굴 굴러서 허공까지 간다

나뭇가지 위에 계단처럼 붙어선 꽃,

말도 지나갈 수 없는 삶과 죽음을, 단지

함께 무너져 주겠는가

나의 걸음은 무엇을 또 시작할 수 없고

나의 목숨은 무엇을 또 입을 수 없는데

날마다 무슨 잡풀 따위를 매고 풀려 하는지

세월은 한 번도 멈추지 않네

실루엣

내 무거운 음악
멸(滅)에 가려네

낮밤이 없이
반음씩 내려가면

정적만이 남을 텐데
그게 바로
맑은 먼지

화엄도 도솔도 없는
어머니의 먼 실루엣

말갛다
멸한(滅) 자리

여기는 지상

그 몸 새 떼가 쪼아대고 거진 물어뜯기고
어느 시계탑 앞에서 나를 기다리던

당신보다는 나를 위해
종일 두 손 모은 기도는 나를 모두고 나를 데웠네

생사병로가 모두 공양인데
시간에 실려 가고 실려 오는
여기는 지상

우물처럼 깊은 메아리 두른
당신의 마지막 말 여기 묵으라는 듯
빈 가슴 먹먹하고 아릴 때

헐한 온기 가득한 그날의 옛집
주인은 그림자 없다

먼동 혼자 눈부시다
점점이 건너가는 다도해 섬들

적막만 흐르게

촛불이 흔들린다
전생에 들은 그 말씨 끝머리쯤일까
잔바람에 편지 한 장 부치련다

쓰레빠 끌고 나온 세상
물푸레나무 사이로 몇 개 바다를 흘러왔나

주섬주섬 모아보는
나뭇잎의 속삭임 그림자처럼 가볍고

사랑하는 이여

내 편지는 허공만 비치게 두려네
적막만 흐르게 쓰려네

오래된 찻잔

그러고 싶었겠나 마음의 끈을 어디 두나 싶은 날

해운대 모래사장 따라가며

내 인연에 수직도 수평도 없었으면

출렁여도 넘치는 일 없고

기울어도 쓰러지지 않았으면, 하고

빌어보네

손에 쥐어주듯 와준 봄풀들 흔들리고

새소리 천공을 지날 때

영화같다 한들 이별이 없었겠나

그러고 싶었겠나 보내도 보내지지 않는 사람

스란치마로 스쳐가네

오래된 찻잔을

마음에 건네듯이

씨와 시

사람들은 흔히 말이 씨가 된다고 한다

내가 했던 말 때문에

너를 잃고

네가 했던 말 때문에

나를 잊었네

그러나

바닷물 가까이 동백섬 바깥채 같은 데서

시인들의 말은 깨알 같은 씨를 심네

수학여행 길의 아이들 소리처럼

소란하고 환한 시가 되네

해인사 소림선원

문고리도 없는 선방에는
선 수행 돌 하나 놓인 것도
비늘 깔린 것도
같으네
마루문 문밖에 선 채 토끼 한 마리 귀를 쫑긋거리는 것도 같네

내 일생에 깨알같이 새기는 화두
삼천 배 점고받은 백련암 성철스님의 일원상
지족암 일타스님 일러 주신 백화차와 청향산방
옛시절 테두리도 없이 밀려든다 빈 가슴 가득

저절로 합장하는 다로경전실 가장자리
걷지 않고도 제 걸음과 사귀고
명상은 머언 저 산맥 녹음에 잠긴다
불심으로 해탈하는 성불의 소림선원

새소리가 허공에 수를 놓는다

통도사 무위선원

먼지 같은 몸이라 해도
이승에서의 인연은 지중해
석 달 열흘 갇혀 부끄러움 내려놓고 싶은 곳

풀섶 풀벌레 입에 머금은
깨닫지 못한 깨달음
오늘은 이슬되어 맺혀오나

산천도 반향없는
절벽 아래 도량
내 마음 남은 자리 있다면
영축산 열아홉 암자마다 가난하게 들러가야지

한 마디도 길고 한 노래도 짧지
장격각 도자 팔만대장경
일생을 읽고 다시 읊어도 나는 못다 부르리

그림자마저 까치발로 걷는 여기
마음 빗장도 잊어버리고
문 없는 문을 연 무위선원

3부

조용한 진선미

청수국

아지랑이
아장거리는
창밖에

발소리
하나가
마음의 촉
돌리는지

하얗게
이우는 서편,
청수국이
지고 있다

미안하다

손을 감추려 하니 손에게 미안하다

눈을 숨기려 하니 눈에게 미안하다

일몰 하나

몸 어디엔가 표가 나나

한 마리 접동새 울고

가려고 해도 가는 것에 미안하다

있으려 해도 있는 것에 미안하다

모두, 모두에게 미안하다

조용한 진선미

살구나무 아랫도리에 가만히 눈이 간다

간혹 아주 간혹

축소된 연정이

살구 열매로 또르륵 떨어져 있을라나

한가한 아침 햇살

모로 꺽이고

모시 깃 같은 마음 결

어딘가 아쉬울 때

희고 작은 그림자

눈에 아른대고

바다도 목마른지 물결 간당거린다

가을에 그냥 입을 맞추라

무엇을 꺼내려 하나

입추 안개 자욱하게 마당에 차네

늠실거리는 청죽 바람소리 아슬하게

하늘에 울리고

무엇이 오려 하나

나는 아프고

눈을 가리고 들으면

들린다 청죽이 하는 말

가을에 그냥 입을 맞추라

분 바르는 소리

물길 위에
자라고 자란
푸른 어둠이 있다

벌레들의 울음소리
잠자리를 수놓고

오도 가도 못하는 편지는
머리맡에 있고

뒤적이던 책장 위에
그날 그때의 조약돌 하나
아련히 얹혀 두고 사는가

수초들도 못 빠져나와 흔들리고만 있는
낙동강.

별자리들이 분 바르는 소리
살살살 스며 든다

가느른 길에서

발목까지 허리까지
온 세상 봄볕 바글바글하다

조약돌 속에 끼어 있는
어릴 적 빗방울들까지
뛰어나오고

야생화 풀섶에 벌 나비도 나타나
봄은 달디달아

내 걸어온 가느른 길 팍팍한 세사(世事)도
모른다 할 수 없네

강아지풀도 철없어서 좋다
내 마음에 그대도 틀어박히지 않는다
자유다!

범어사에 내리는 눈

찻잎 냄새 나는 눈이 온다

한 송이는 수세(樹勢)가 쇠약해진 도토리나무에 맴돈다

노약하다고 해도 아리고 떫은 외로움

날처럼 설 때

어찌 견디리 칸나같이 붉은 성심

연민은 새하얀 눈썹 위로 벋어만 가고

인간의 마음자리 내내 향기롭기만 했을까

잔가지 얼어붙는 소리 귀에 들릴 때

내 속에서 돋아나네 무상한 황혼

말도 못 되는 말들이

흰눈으로 입을 막는다

겨울 범어사

절은 절

절은 절하는 곳입니다

새 한 마리도 일생 삼천 배를 합니다

해인사 성철 스님

그 말씀 어제 같은데

나이 들수록 삼천 배가 따라 오지 않습니다

화가가 붓을 놀려 먹을 나를 때

일획이 그어지면 모든 획이 따라붙는다는데

나이 팔순에 나는 아직도 나이롱 보살

그래도 절은 절하는 곳입니다

내 앉은 곳이 법당입니다

오늘도 희원(希願)은 배롱나무 아래 앉습니다

오륙도

횟집 지나 바다 끝으로 간다

어느 뱃고동 갈피에 발소리 죽이며 오는 꿈이 있으려나

오륙도는 골골 낮잠에 들고

말없이 왔다가는 곳, 태종대 한 켠

서부 시외버스 터미널

배웅 나왔다가 발길 돌린 곳에 부러진 우듬지

밑동은 하얗고

아련한 줄기 하나 지붕 위를 건넌다

해질 무렵

인생 막장에서 건져낸 가녀린 시처럼

시외버스 터미널에 우둑하니 서 있다 가는 눈동자

내 마음에 누군가 다녀갔다

죽어야 끝을 맺을 설핏한 빈 별자리

아서라, 눈물에 등빛이 스민다

해파랑길

버린 것을 들고 있나
휘어지는 길 한중간에 가로등빛 노란 사념 아리고

몰아오는 해무 속에
빈 손아귀가 무겁다

서로 바라보았던 불빛
엇나가며 이어질 뿐

사람은 보이지 않는다
해파랑길

내가 그대의 상처 아니었나
그대가 나의 상처 아니었나

셈법도 모르고
따질 줄도 모른다

이내 해무가 사라지면
나도 풍경을 벗어난다

철새의 걸음새

하늘에 입 내밀고 가는

두 갈래 철새 무리여

어디선가 입을 축이던 시간을

길 밖에 두고

해 지는 데로 가나

여러 차례 접혀진 날개에 숭숭난 구멍 잇대고

하늘을 걷는다

새들의 깊은 걸음새

4부

전전반측 빗줄기만 세고

초겨울의 시

혼자서 화원 입구에 갔다 온 날
종일 꽃냄새가 인다
방고래 지피는 따스함도 따라온다
약간은 좀 서글픈

혼자서 산문(山門)에 갔다 온 날
물걸레질한 마루가 마음을 지난다
헛꿈으로 지은 지붕도 무너진다
약간은 좀 부끄러운

차를 마시며

오백 년 바람에 물든 잎

마주 보며 고개 숙이고 차를 마신다

바다가 자리 펴 11월이 청유리처럼 맑다

마루엔 어제를 잃어버린 그림자 깔리고

얼마나 서러운 피륙으로 짠 비단인가

이별하는 길은 길고 멀다

그대는 떠나야 하고 나는 목이 쉬어야 하네

고무 대야에 눌러놓은

숨죽은 배추처럼

그래도 멜로디

그날의 갈잎은 서랍에 채워진 채 고요하다

강변의 투명한 날들은 야위어 금이 간다

알아들을 수 없는 사투리처럼 비와 눈이 오고

나는 혼잣말이 심하다

삭혀지지 않는 어떤 답변이 갈밭을 떠돈다

가끔은 놓쳐버리고 따라나서는

그래도 깊은 꿈을 꾸는 나의 멜로디

홍매화

들여다볼수록
잔설(殘雪)의 그림자 어룽짐 뜻 모르겠고

내 남은 시간의 휘어짐
가 닿는 곳 알 수 없네

씌어지지 않은 문장에 업혀 가듯
띄엄띄엄 간다 누구에게 말을 걸 수 있나

한 폭 노을 흘러갈 때
묶인 배 비어 있고

아무렇지 않은가
홍매화 한 가지 제 몸 깎아 토해낸다

내 손금에도 어느 해의 매화 한 잎
희미한 얼룩 패여 있네

전전긍긍

선반에 올려진 항아리를 안아 본다
마음의 바깥을 마음의 안쪽처럼 쓸어본다

사랑이란 꿈속의 꿈만 같고
돌 속의 말씀 같다

전전반측 빗줄기만 세고
전전긍긍 봄밤의 여백 서성인다

어느 뒷전에 잊어버린 실로폰 울리는가
귓전에 타 내리고

밤의 내부로 기차가 흘러간다
자연으로 돌아가는 몸 하나를 싣고서

끊어질 듯 이어지는 속울음의 솔기에
약불에 타는 마음은 어질하게 흔들린다

모과 한 알

설한에 차를 끓이며 닳은 시문(詩文)을 생각한다

내 인생에 하다 둔 숙제는 이제 무얼까

지난해 모과 한 알 마르게 둔 안방 창가

별빛도 부서지며 무슨 말인가 하고 있다

이별은 그저 담담하게 담담하게 하란 뜻인가

먼 불빛 풀리는 바다 한복판에 누군가 서 있는 것 같다

백룡암

김해평야 한눈에 들어 어디서 시작되고 어디서 끝나나 했네

어느 길 새로 끄집어낸 듯 환하고

백룡암, 백룡암

가파르고 높은 계곡 사이 대나무 뒤안길에

순결한 시간의 텃밭을 기르고

좁디좁은 법당 흰빛 아득해라

절 마당 지키는 수백 살 된 느티나무 그늘은 평상을 놓고

가을빛 지극히 받드네

김해 평야 저 아래

강이 등을 돌리고

시간은 떠나가네

여치 눈만큼 작은 하늘이

나를 들여다 보네

무슴슴하게 걸어가자

입산금지
현수막을 쓴 참나무 위에서
마스크를 쓴 하얀 낮달

답답하지 않겠는가
말 못하고 남긴 안부

타버리고 남은 장작에
점무늬로 꽃송이 하나 박히는
그런 마음의 입춘
코앞이다

무슴슴하게 걸어가자
낮달을 보는 맑은 눈으로

공터

살면서 지금까지 지나다니며 보긴 했지
한 번도 들어가 보지 못한 마을 공터

인기척을 거부하는 내게도 빈터가 있어서
한 번도 보여주지 않은 속엣말이 있고

행운도 가깝고 불행도 멀지 않은
알 수 없는 공터는
오늘은 어디에 있으며 반대편엔 또 무엇이 있나

내 공터 속으로 당신이 들어왔다 간 건지
당신의 공터 속에서 내가 아직 못 빠져나온 건지

살면서 지금까지 해주지 못한 말만
슬픔처럼 주위를 맴돈다

망각 곁에서

검은 봉지에 싸인 듯 숨은 불룩거린다 가쁘게

홀로 간다 길게

알면서도 가난해지는 행성 하나

벌써 여긴가

나의 머리 위로 바람은 불고

낙엽은 혼자다 땅 위를 구르며

사라지는 것은 연기

나는 나를 지우며 쓰는 시행(詩行)으로

해운대 부근을 어슬렁거린다

망각 곁에서

매일 다른 길로

홀로 간다 아직도

설레는 이별

미늘 물고 흘러온 쓰린 세월
그 허덕임을 누가 기억하겠는가

이별의 완결을 원한다 누가 다른 말을 하겠는가
입술이 퍼렇게 얼었는데

알리도 없는 향과
멀기만 한
기원

이제 한 번만 얼굴을 묻으면 된다

나만큼 쭈그러지고
꼭 나만큼 이 빠진 밥그릇을 남긴 채

어린 것들이 피어 잘 자랐으니

꽃잎을 내보내는 줄기처럼

삭신이 내보낸다 식은 눈물과 마른 피

젖은 눈이 서로 마주친다

아직은 바다 앞이고

업보 업은 배 한 척 흔들리며 가느니

빛이 빛 속으로

어둠이 어둠 속으로 그 시간 물고 있다

꽃이 졌다고

말했던 사람

기우뚱 거리며 지나갔고

봄 없어도

그 화단, 마음에 남을 거야

어린 것들이 피어 잘 자라주었으니

꽃의 절

풍경소리에 뒤돌아보았다
새는 목이 잠길 때까지
우는 듯 했다
바람 소리가 알맞다고
꽃들은 모가지를 끄덕거렸다

산문 들어서면
그대는 꽃 보살
꽃살문 살포시 열면
화향 극락

연화대 위 부처님은
꽃 그림자에 어리고
바라만 보아도 업장을 소멸하는 듯
공양화는 화엄의 빛에 다다르네

천지에 꽃 하나가

성불과 무에 다르랴
이 꽃 진 후에 나는 길 떠나리

시인의 산문

꽃을 보는 마음

허충순

 꽃을 좋아하고 사랑하는 마음은 지식의 많고 적음과는 관계가 없는 것 같다. 생활 수준의 높고 낮음과도 상관되지 않는 것 같다. 그냥 눈을 통해 얻는 즐거움 자체이다.
 천성적으로 걷기를 싫어하는 내가 어쩌다가 비좁은 시장이나 육교 위를 건너갈 때 노점상들이 자리하고 있는 것을 유심히 볼 때가 있다. 그중에서도 나는 선인장이나 들꽃 화분 몇 개씩 갖고 나와 앉아 있는 여인들을 바라보면서 흥미로운 관심을 가지게 된다. 절반은 조는 듯한 표정이다. 꽃을 팔러나온 그들에게 다가가 값을 묻고 더러는 화분을 사서 비닐봉지에 넣어가는 사람들은 대부분 할머니 소리를 들어도 좋을 만한 중년 이후의 부인들이다.

더러 젊은 주부들도 사가기는 하지만 대체로 나이 많은 분들이, 그리고 겉으로 보기에는 생활의 여유가 그렇게 많아 보이지 않는 사람들이 거리에서 꽃을 더 많이 사가는 것 같다.

　한 번은 가던 걸음을 멈추고 서서 화분 사고파는 모습을 지켜보자니, 4천 원 달라는 화분을 깎고 깎아서 2천5백 원에 사는 초로의 아주머니 한 분이 지갑을 탈탈 털다시피 하여 화분 값을 건네주는 것을 보았다. 가슴이 뭉클해지는 것을 어쩔 수 없었다.

　어쩌다 변두리 비탈길을 지나며 작은 창문 가에 한두 개의 화분이 비치는 집을 보게 된다. 저 집에 몇 사람이나 살고 있는지 모르지만 가족이 기거하기에도 비좁을 것 같은데, 화분을 구해 와 창문틀에 올려놓은 걸 보면 그 사람들이야말로 얼마나 꽃을 사랑하는 마음씨를 가졌을까 싶고, 순박하고 따스한 마음씨를 가진 그 사람들의 표정을 생각하면서 골목길을 빠져나온다.

　옛 소련 땅에 살던 한국인들의 꽃 사랑하는 풍습에 대해 친구와 이야기를 나눈 적이 있다. 그들은 지인의 회갑연이나 자녀들의 결혼식 피로연에 우리처럼 부조라는 이름의 돈 봉투를 들고 가기보다 꽃 한두 송이씩을 가지고 간다는 것이다. 그 꽃은 우리처럼 거대한 온실 속에서 전문적으로 재배한 호사스러운 꽃이 아니다. 각자 자신들의 한두 평밖에 안 되는 작은 뜰에서 가꾼 것들이다. 봄, 여름이 짧은 탓에 달리아나 국화를 심어 정성껏 가꾸어도 꽃송이는 우리나라에서 볼 수 있는 것의 3분의 1 정도 크기밖에 자라지 않는다고 한다. 그런 걸 몇 송이씩 물통에 담아 거리에 나와 파는 이도 한국인이고, 돈이라고는 구경하기도 어려운 처지에 꽃 두어 송이 사는 일도 여간한 일이 아닌데 반드시 꽃을 사들고 행사에 참석하거나 친지집을 방문하는 사람들도 한국인이라는 이야기를 들었을 때 참으로 감격적이었다.

종종 도로변이나 다리 위에 서너 다발의 꽃묶음이 놓여 있는 걸 본다. 그곳에서 교통사고를 당해 세상을 떠난 어느 고인의 명복을 비는 꽃송이들이다. 어렸을 적 시골 친척 할머니가 음력 2월 초하룻날에 청솔가지를 꺾어다 흰 천으로 묶어 아궁이에 냉수 한 대접과 함께 올려놓고 영등할머니께 비는 모습이 고왔다. 또 동구 밖 당산나무에 색색의 천조각을 새끼줄에 달아 걸어놓은 것을 보고 나는 꽃잎처럼 예쁘다고 생각한 적이 있다.

그런 게 모두 우리들 마음 저 밑바닥에서 흐르고 있는 꽃잎처럼 예쁜 이미지들이 아닐까 싶다. 내가 꽃을 생각하면서 꽃과 더불어 살 수 있었던 것도 내 속에 순박한 들꽃의 서정이 있는 것이고, 마음 저 바닥에 강물처럼 흐르고 있는 시심이 있기 때문일 것이다.

　돌아보니 문학과의 인연은 고등학교 시절이다. 꽃 수업을 받던 곳이 부산 서면의 어린이집이었는데 그곳 관장님이 이영도 시조 시인이셨다. 종종 선생님댁에서 꽃밭을 보며 차 대접을 받고 봉숭아 꽃물 들이며 들려주시던 시와 시인들 이야기는 아련한 추억으로 간직하고 있다. 우리는 자연의 일부이고 꽃을 사랑하는 마음 또한 자연스러운 일이다. 그 꽃이 내 시에도 인상적인 영향을 미쳤을 것이다.

허충순 시집
오래된 찻잔

초판 1쇄 발행 / 2024년 5월 17일

지은이 / 허충순
펴낸이 / 황학주
펴낸곳 / 발견
디자인 / (주)시아울
주소 / 서울시 종로구 삼봉로81 두산위브파빌리온 632호
전화 / 02-2278-4211
e-mail / balgyeonbook@naver.com

ⓒ 허충순 2024
ISBN : 978-89-6879-078-2 (03810)

- 잘못된 책은 구입한 서점에서 바꿔드립니다.
- 책값은 뒤표지에 있습니다.
- 이 책의 판권은 저자와 발견에 있습니다.
- 이 책 내용의 전부 또는 일부를 재사용하려면 반드시 지은이와 발견의 서면 동의를 받아야 합니다.